상상을 현실로 만드는 3D 펜

상상을 현실로 만드는
뭉글뭉글
3D펜

초판발행 2016년 9월 30일
제1판3쇄 2022년 1월 26일

지은이 이재우
펴낸이 김승기
펴낸곳 (주)생능출판사 / **주소** 경기도 파주시 광인사길 143
브랜드 생능북스
출판사 등록일 2005년 1월 21일 / **신고번호** 제406-2005-000002호
대표전화 (031)955-0761 / **팩스** (031)955-0768
홈페이지 www.booksr.co.kr

책임편집 유제훈 / **편집** 신성민, 김민보 / **디자인** 유준범
마케팅 최복락, 심수경, 차종필, 백수정, 송성환, 최태웅, 명하나
인쇄 성광인쇄(주) / **제본** 은정문화사

ISBN 978-89-7050-879-5 03000
정가 18,000원

STEAM 01
창의융합교육 시리즈

상상을 현실로 만드는
두근두근
3D 펜

헬로소프트 이재우 지음

생능북스

지은이 소개

이재우

4차 산업 교육을 전문으로 하는 콘텐츠 크리에이터입니다.

2015년부터 (주)헬로소프트의 대표로 다양한 교재·교구를 개발하고 있으며 코딩교육원에서 직접 콘텐츠를 활용한 교육을 진행하고 있습니다.

특히 2018년부터 앱인벤터, 애피빌더(appybuilder), 코스페이시스(cospaces)의 한국어 번역가로 활동하고 있으며, 유튜브 〈헬로소프트〉 채널을 통해 양질의 강의를 무료로 제공하고 있습니다.

현재 학교, 정보영재학급, 도서관, 교육연구정보원 등에서 학생들과 선생님들을 대상으로 언플러그드, 코딩, 인공지능, 메타버스 등 다양한 수업을 출강하고 있습니다.

집필한 저서로는 『쉽게 배우는 앱인벤터』(생능출판사, 2021), 『시간순삭 인공지능 with 스크래치』(생능출판사, 2020), 『두근두근 언플러그드 컴퓨팅』(생능출판사, 2016) 등이 있습니다.

3D 창작 및 소프트웨어 교육 전문가
이재우 선생이 들려주는 3D 펜

나만의 아이디어를 창의력 있게 표현하는
상상을 현실로 만드는 새로운 창작 도구

안녕하세요.

앞으로 다가올 디지털 창조경제 시대에는 자신의 아이디어를 활용
하여 독창적인 콘텐츠(작품)를 만들 수 있는 사람이 창의적인 인재
로 인정받을 것입니다. 창의적인 사람이 되기 위해서는 어릴 때부
터 새로운 것을 만들어 보는 연습이 필요합니다.

최근에 3D 프린터에 대한 관심이 커지면서 방과 후 학교 또는 학원
에서 3D 프린터 수업이 많이 생겨났습니다. 하지만 3D 프린터 수
업은 개인별 노트북이 필요하고 1대의 3D 프린터를 많은 아이들이
나누어 사용하게 됩니다. 3D 프린터가 작품 한 개를 출력하는 데
30분 이상의 시간이 걸리기 때문에 한 명당 3D 프린터를 다룰 수
있는 시간은 매우 부족합니다.

이에 반해 3D 펜은 3D 프린터의 원리를 이용하여 허공에도 그림을
그릴 수 있는 펜으로, 사용이 쉽고 직접적인 아이디어 표현이 가능
하기 때문에 아이들 대상의 창의력 수업에 사용하기 좋습니다. 아
이들이 아이디어를 표현하는 면에서는 오히려 3D 프린터보다 더
간편하고 실용적인 창작 도구입니다.

하지만 아직까지 3D 펜 교재나 보고 따라할 수 있는 도안이 많이
없어 3D 펜을 활용하거나 수업을 개설하는 데 어려움이 있었습니
다. 이런 어려움을 해결하기 위해 3D 펜 교재를 출간하게 되었습니
다. 별도의 장비 없이 3D 펜만 있으면 간단한 교육을 통해 자신의

아이디어를 작품으로 만들어낼 수 있습니다. 이 3D 펜은 이미 국내 대학교, 발명교실, 도서관, 지역 학습 센터 등에서 수업이 개설되어 많은 인기를 얻고 있습니다.

3D 펜을 가지고 있는 아이들은 이 책에서 제공되는 도안을 이용해 다양한 작품을 간단하게 만들어 볼 수 있습니다. 발명, 과학, 미술 분야의 선생님들은 다양한 종류의 기관에서 3D 펜 창작 수업을 개설하여 아이들을 가르칠 수 있습니다. 또한 공예, DIY 제작에 관심이 있는 많은 분들도 3D 펜을 활용하여 실용적이고 새로운 물품을 제작할 수 있습니다.

24가지 주제의 작품을 아이들의 눈높이에 맞추어
단계별로 만들어 볼 수 있도록 구성

이와 같은 목표를 달성하기 위해 이 책은 다음과 같은 내용을 담고 있습니다.

먼저 24가지 다양한 주제의 작품을 단계별로 만들어 볼 수 있도록 하였습니다. 1단계는 평면 작품을 활용하여 소품을 다양하게 만들어 보도록 하였고, 2단계는 필라멘트 재료만으로 입체 작품을 만들어 보도록 하였으며, 3단계는 건전지, 모터 등의 전자 부품을 이용하여 움직이고 작동하는 작품을 만들어 보도록 하였습니다. 그리고 4단계는 실제로 도안을 따라 작품을 만들어 보도록 하였습니다. 각 주제별로 작품들의 완성된 모습과 만드는 순서를 사진으로 담았습니다. 또한 함께 제공되는 도안은 미리 코팅이 되어 있어 3D 펜으로 그대로 따라 그리면 되도록 하였으며, 작품이 완성되면 떼어낼 수 있어 도안은 여러 번 사용할 수 있도록 하였습니다.

별도로 제작 동영상과 선생님들이 수업에 활용할 수 있도록 PPT 자료를 헬로소프트 홈페이지(https://hellosoft.fun)에서 제공합니다. 또한 작품 제작에 필요한 각종 만들기 재료도 구매할 수 있습니다.

스스로 재미있는 작품을 만들며
창의력과 표현력을 기르는 창작의 즐거운 놀이

이 책은 다음과 같이 활용될 수 있습니다.

먼저 3D 펜을 가지고 있는 아이들이 집에서 책을 보며 혼자서 작품을 만들 수 있는 도안집으로 사용할 수 있습니다. 제작 순서별 사진과 홈페이지에서 제공되는 동영상을 본 후 도안을 따라 모양을 만들면 혼자서도 작품을 만들 수 있습니다.

또한 각 지역의 교육기관(학습센터, 도서관, 미술관, 문화센터, 청소년 수련관 등)은 3D 프린터 1대를 구매하는 비용으로 3D 펜 10개 이상을 구매하여 3D 창작 교육을 진행할 수 있습니다. 4시간 정도의 강사 연수를 받으면 10명 내외의 단체 수업을 개설하여 진행할 수 있으며, 책의 콘텐츠를 이용해 최대 24차시의 수업이 가능합니다. 헬로소프트에서는 교육기관을 위한 상담 및 강사 파견 서비스를 제공합니다.

3D 펜은 다양한 색상의 친환경 플라스틱을 재료로 하여 반영구적인 창작 작품을 만들 수 있습니다. 또한 부서진 플라스틱 제품을 간편하게 수리하거나 꾸밀 수 있어 만능 도구입니다. 더욱이 작품을 만들다가 실수를 해도 실수한 부분만 떼어내 버리고 다시 만들수 있어 편이성이 큽니다.

이 책을 통해 우리 아이들이 자신만의 아이디어로 새로운 작품을 만드는 창의력과 머릿속에 있는 상상을 만질 수 있는 현실 작품으로 만들어내는 표현력을 기르고, 내 손으로 재미있고 실용적인 작품을 만드는 창작의 즐거움을 배울 수 있기를 기대합니다.

감사합니다.

2016년 8월
이재우 드림

상상을 현실로 만드는 3D 펜으로 만나는 세상

3D 펜으로 만나는 세상은 어떨까요?

그리는 대로 현실이 된다면 어떨까요? 집을 그리면 집이 되고, 구름을 그리면 구름이 되어 흘러가고, 강아지를 그리면 '멍멍!'하며 내게 달려오는 마법 같은 세상이 상상이 되나요? 손으로 그릴 수만 있다면 무엇이든 만들 수 있습니다. 목걸이, 북클립, 손거울, 선글라스, 에펠탑, 독립문, 한강철교, 자동차, 나비, 장미, 무당벌레 등등 무궁무진합니다. 마치 3D 펜이 요술 지팡이인 양 뚝딱 원하는 것을 만들어냅니다. 내가 그린 그림이 노래를 하고, 내가 그린 강아지가 꼬리를 흔들고, 내가 그린 별이 반짝반짝 빛나는 아름답게 디자인된 나만의 아이디어 작품들을 만들 수 있습니다. 고휘도 LED와 전도성 필라멘트의 전자회로를 활용하여 그린 무당벌레는 벽에 붙으면 꼬리에 불이 들어옵니다. 이제 이 세상에 없는 새로운 작품을 3D 펜으로 창조할 수 있습니다. 이를 통해 창의력, 사고력, 의사소통 능력, 협동 능력 등을 배우는 창의 융합 교육(STEAM)을 실천할 수 있습니다.

일상생활 속 창의 융합 제품을 찾아보세요

장난감과 IoT(사물인터넷)의 융합을 통해 창조된 '스마트 토이' 들어 보았나요? 한국과학기술원(KIST)에서 개발한 제품으로 조립형 블록 완구에 사물인터넷 등의 디지털 기술을 접목한 제품입니다. 기존의 조립형 블록 장난감에 통신 기능과 센서, LED 전광판, 카메라 등의 기능을 결합하였습니다. 또한 '똑똑한 양복' 들어 보았나요? NFC 칩을 세계 최초로 의류에 삽입하여 스마트폰과 연동시킨 기술입니다. 영화관 등 조용한 곳에서 스마트폰이 울렸을 때 양복 주머니에 넣어 주기만 해도 무음이나 전화 수신 차단 상태로 전환이 됩니다. 정말 똑똑한 옷인가 봅니다. 3D 펜을 통한 창의 융합 교육은 이처럼 상상 속의 일을 현실로 만들어 줍니다.

창의 융합의 세계로 떠나 볼까요?

자, 이제 떠납니다. 설명에 따라 차근차근 만들다 보면 근사하고 멋진 나만의 작품들이 모습을 드러낼 것입니다. 순서에 따라 그리고 칠하고 붙이고, '주의하기'와 '알아두기'를 꼼꼼히 읽어가며 예쁘게 만들어 보세요. 혹 잘못하였으면 수정하고 보완하면서 친구와 함께 해 보아도 좋습니다. 만든 제품들을 착용해 보기도 하고 사용해 보기도 하며 SNS에 올려 친구들의 평을 받아 보세요.

차례

3D 펜을 자유롭게 사용하기

먼저 도안을 따라 3D 펜으로 그려 주세요. 선을 그리고 모양을 그리고, 물론 예쁘게 색칠도 해 주시고요. 그리고 디자인에 따라 붙여 주세요. 그리 어렵지 않죠? 하지만 이 모든 일을 쉽고 정확하게 하기 위해서는 3D 펜을 내 손에 맞게 잘 익혀 자유롭게 쓸 수 있어야 해요.

3D 펜의 원리와 내부 모습

3D 펜은 가는 실 형태의 재료(친환경 필라멘트)를 내부에서 녹여서 펜 끝으로 나오도록 하는 장치입니다. 펜에서 나온 필라멘트는 5초 이내에 식으면서 굳어져 원하는 형태로 고정됩니다. 이러한 프린팅 방식을 FFF^{Fused Filament Fabrication} 방식이라고 하며, 3D 프린터에서 가장 많이 사용합니다.

3D 펜의 내부 모습을 들여다볼까요?

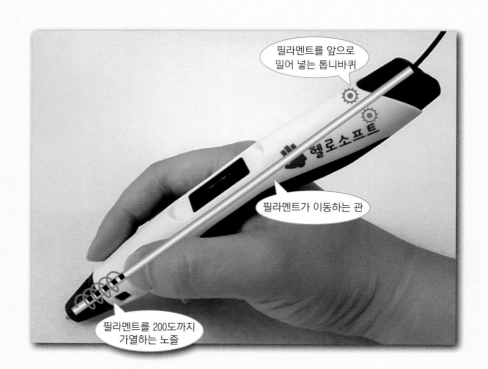

필라멘트를 앞으로 밀어 넣는 톱니바퀴

필라멘트가 이동하는 관

필라멘트를 200도까지 가열하는 노즐

3D 펜을 분해하면 아래와 같은 부품으로 이루어져 있습니다. 만약 내부에 이물질이 들어가 펜이 고장 나면 분해하여 톱니바퀴, 관, 노즐을 청소합니다. 하지만 사용자 여러분은 직접 분해하는 것보다 구입처에서 애프터서비스를 받는 것이 좋습니다.

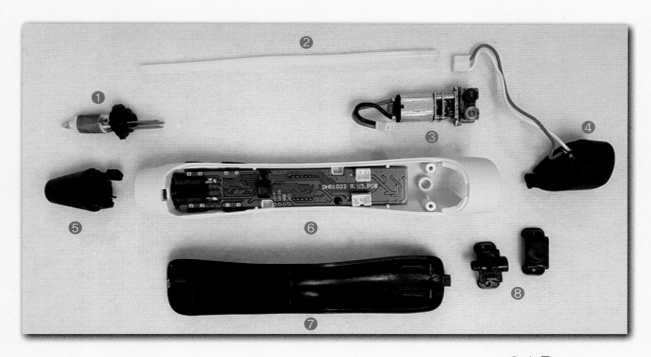

❶ 노즐
❷ 관
❸ 모터와 톱니바퀴
❹ 뚜껑
❺ 노즐 캡
❻ 내부 기판
❼ 후면 케이스
❽ 고정 브라켓

3D 펜과 함께 사용하는 도구들

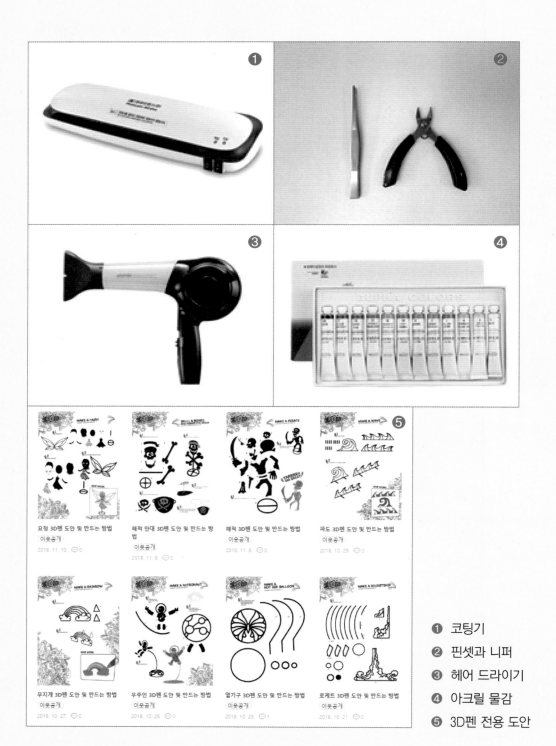

1. 코팅기
2. 핀셋과 니퍼
3. 헤어 드라이기
4. 아크릴 물감
5. 3D펜 전용 도안

❶ 코팅기

일반 종이 위에 3D 작품을 만들면 나중에 작품을 떼어낼 때 종이가 찢어져 작품에 달라붙게 됩니다. 작품을 깔끔하게 만들기 위해서는 필라멘트가 잘 붙으면서도 깨끗하게 떨어지는 바닥 판이 필요합니다. 가장 좋은 방법은 종이를 코팅하여 사용하는 것입니다. 도안을 코팅하여 사용하면 3D 펜으로 그리기도 쉽고 작품을 쉽게 떼어낼 수 있습니다. 또는 강화 유리판을 사용하거나 3D 프린터에서 사용하는 마스킹 테이프를 이용할 수 있습니다.

❷ 핀셋과 니퍼

3D 펜을 사용하기 위해서는 기본적으로 핀셋과 니퍼가 필요합니다. 핀셋은 뜨거운 노즐을 청소하거나 흘러나오는 필라멘트를 제거할 때 사용합니다. 노즐은 70~80도 이상으로 뜨거워 화상을 입을 수 있으므로 손톱 등으로 떼지 않고 꼭 핀셋을 사용하도록 합니다. 니퍼는 3D 작품을 가다듬거나 잡티를 제거할 때 사용합니다. 작품에 생기는 가느다란 잡티까지 제거하기 위해서는 공작용 정밀 니퍼를 사용하는 것이 좋습니다.

❸ 12V 건전지(축전지)와 충전기

3D 펜 작품은 한번 굳으면 상온에서는 거의 변형이 되지 않습니다. 하지만 헤어 드라이기를 사용하여 뜨거운 바람을 쏘이면 모양을 변형할 수 있습니다. 3D 작품이 뜨거운 열을 받으면 부드러워져서 식기 전에 손으로 모양을 바꿀 수 있습니다. 단, 헤어 드라이기를 사용할 때는 손을 데일 수 있으니 꼭 핀셋과 같은 도구를 사용하도록 합니다.

❹ 헤어 드라이기

아크릴 물감은 부착력이 좋아 천, 나무, 가죽, 플라스틱 등에 널리 쓰이는 물감입니다. 3D 펜 작품에도 사용하여 다양한 색을 낼 수 있는데, 특히 흰색 필라멘트와 함께 사용하면 좋습니다. 단, 아크릴 물감은 빨리 마르기 때문에 수정하는 것이 어렵고, 손에 묻으면 잘 지워지지 않는 단점이 있습니다.

❺ 3D펜 전용 도안

이 책에서는 약 200여 개의 도안이 코팅되어 제공됩니다. 더 많은 도안을 필요로 하는 분들은 '3D 오손도손' 님과 같은 3D펜 블로거를 통해 추가로 도안을 다운로드 받을 수 있습니다. '3D 오손도손' 님은 이웃공개를 통해 3D펜 도안을 공개하고 있으며, 본 책과는 관계가 없습니다.

주소: https://blog.naver.com/3dosondoson

3D 펜 작품 만드는 요령

선 그리기

1. 연필을 사용하는 것처럼 50도 정도로 펜을 세워서 그립니다.

3D 펜을 약 50도 정도 세워서 선을 그리면 펜의 끝이 잘 보이고 펜을 움직이기도 쉽습니다. 특히 직선을 그릴 때는 새끼손가락과 손목이 바닥에 닿아 있어야 펜을 일정하게 움직일 수 있습니다.

| 각도가 작은 경우 ✕ | 알맞게 세운 모습 ○ | 각도가 큰 경우 ✕ |

2. 펜을 일정한 속도로 움직이며 그립니다.

선을 예쁘게 그리기 위해서는 일정한 속도로 펜을 움직이는 것이 중요합니다. 펜을 빨리 움직이면 선이 얇게 그려지고, 펜을 천천히 움직이면 선이 굵게 그려집니다. 만약 속도가 일정하지 않다면 세 번째 그림처럼 선이 울퉁불퉁하게 그려집니다.

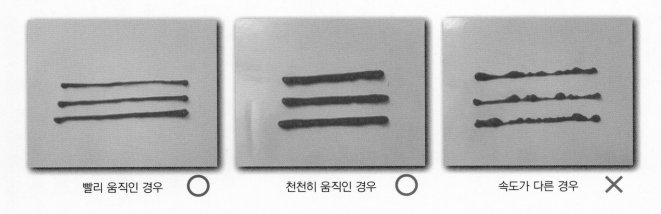

| 빨리 움직인 경우 ○ | 천천히 움직인 경우 ○ | 속도가 다른 경우 ✕ |

3. 선을 끝낼 때는 펜을 반대로 움직이거나, 도장을 찍듯이 바닥에서 떼어냅니다.

선을 깔끔하게 그리기 위해서는 시작보다 끝이 중요합니다. 정지 버튼을 누르고 바로 펜을 바닥에서 떼면 아래 오른쪽 그림처럼 가느다란 잡티가 생기게 됩니다. 이런 잡티는 다음 선을 그리는 데 방해가 되고 작품이 지저분해지는 원인이 됩니다. 잡티가 생기지 않게 하는 한 가지 방법은 정지 버튼을 누르고 펜을 도장을 찍듯이 3초 정도 바닥에 눌러 주고 빠르게 떼는 것입니다. 다른 방법은 정지 버튼을 누르고 서예에서 획을 마무리하는 것처럼 반대 방향으로 움직이면서 떼는 것입니다.

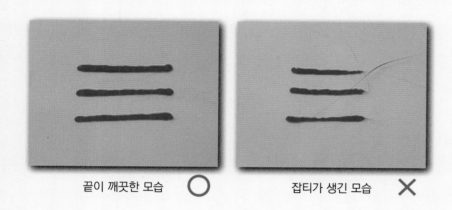

끝이 깨끗한 모습 ◯   잡티가 생긴 모습 ✕

> 3D 펜으로 선을 그릴 때에는 연필로 글을 쓰듯이 일정하게 그려 주세요.

모양 그리기

1. 왼쪽에서 오른쪽으로, 위에서 아래로 획을 나누어 그립니다.

오른손으로 펜을 사용할 경우, 펜은 왼쪽에서 오른쪽 방향으로, 또 위쪽에서 아래쪽 방향으로 선을 그리는 것이 편합니다. 도안이 보이므로 펜이 움직여야 할 방향을 알 수 있고, 필라멘트가 노즐에 묻거나 엉키지 않습니다. 모양을 한 번에 그리려고 하지 말고 아래와 같이 획을 나누어서 그리는 방법을 익히도록 합니다.

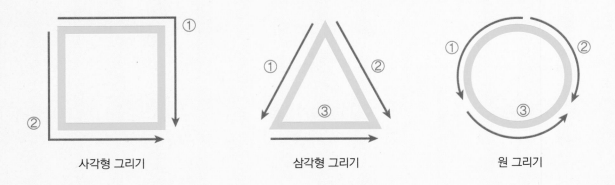

사각형 그리기   삼각형 그리기   원 그리기

2. 한붓그리기 방식을 쓰면 시간이 절약됩니다.

한붓그리기 방식을 쓰면 모양을 만드는 시간도 단축되고, 선이 끊기면서 생기는 지저분한 부분이 많이 사라집니다. 따라서 최대한 한붓그리기 방식으로 모양을 그립니다. 하지만 한붓그리기 방식을 쓸 때에도 선의 방향은 왼쪽에서 오른쪽으로, 위에서 아래로 그리도록 합니다.

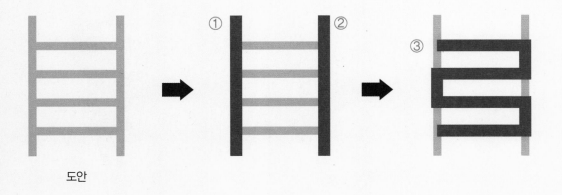

도안

3. 작품을 튼튼하게 만들기 위해서는 여러 번 덧칠합니다.

일반적으로 3D 펜에서 나오는 필라멘트의 굵기는 0.5mm로 샤프심의 굵기와 비슷합니다. 선을 한 번만 그릴 경우에는 모양의 굵기가 얇아 힘을 가하면 쉽게 휘거나 부러집니다. 튼튼한 작품을 만들기 위해서는 선을 여러 번 덧칠하는 것이 좋습니다. 속을 채우는 경우에는 3번 이상, 뼈대로 사용하는 경우(예를 들면, 자전거의 프레임을 만들 경우)에는 10번 이상 덧칠해 주는 것이 좋습니다.

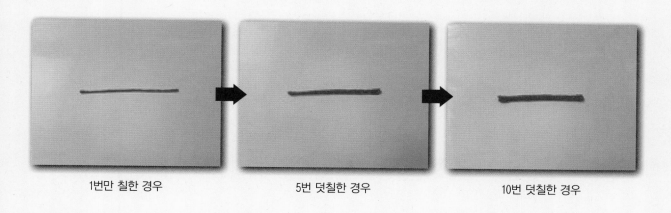

1번만 칠한 경우   5번 덧칠한 경우   10번 덧칠한 경우

3D 펜으로 모양을 그릴 때에는 한붓그리기 방식으로 왼쪽에서 오른쪽으로, 위에서 아래로 그려 주세요.

모양 칠하기

1. 윤곽선을 먼저 그리고 안을 칠합니다.

윤곽선 없이 바로 색을 칠할 경우 예쁜 모양을 만들기 힘들고, 선 사이에 틈이 생기는 경우가 많습니다. 그러므로 모양을 색칠할 때는 항상 윤곽선을 먼저 그려 놓고, 그 안을 색칠하는 것이 좋습니다. 아래와 같은 태극 문양을 만들 경우에는 우선 빨간색 필라멘트로 윤곽선을 그리고 내부를 색칠한 다음, 파란색 필라멘트로 윤곽선을 그리고 내부를 색칠합니다.

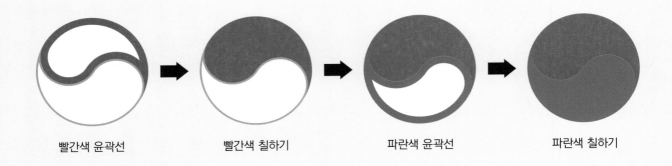

빨간색 윤곽선   빨간색 칠하기   파란색 윤곽선   파란색 칠하기

2. 빈틈이 생기지 않도록 속을 채워 넣듯이 칠합니다.

3D 펜의 재료인 필라멘트는 식으면서 약간씩 수축합니다. 만약 색칠한 필라멘트가 서로 꼭 붙어 있지 않다면 수축하면서 틈이 생기게 되는데 이런 틈이 많을수록 모양이 예쁘지 않고 강도가 약해집니다. 그러므로 모양을 칠할 때는 구석구석에 있는 빈 공간을 모두 채워 넣듯이 색을 칠해야 합니다.

속을 채워 칠한 경우   속이 채워지지 않은 경우

3. 속을 다 채우지 않고 그물 형태로 칠하면 시간이 절약됩니다.

3D 펜으로 모양을 색칠하는 작업은 상당한 집중력과 시간이 필요합니다. 하지만 모양을 그물 형태로 칠하면 시간을 절약하면서 작품을 만들 수 있습니다. 그물을 얼마나 촘촘히 만들 것인가에 따라 제작 시간이 달라집니다. 그물 형태로 칠할 때에는 가로줄과 세로줄이 서로 잘 달라붙을 수 있도록 교차하는 부분은 천천히 눌러서 칠하도록 합니다.

모양을 모두 칠한 경우
(제작 시간 1시간 필요)

1/2만 칠한 경우
(제작 시간 30분 필요)

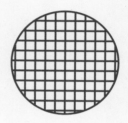

1/4만 칠한 경우
(제작 시간 15분 필요)

3D 펜으로 모양을 칠할 때에는 윤곽선을 먼저 그리고 안을 칠하세요. 빈틈이 생기지 않도록 칠해야 해요.

모양 붙이기

1. 한 번에 모두 붙이지 않고 조금씩 붙입니다.

모양과 모양을 서로 붙일 때는 이어지는 면과 각도가 중요합니다. 모양을 붙일 때한 손으로 두 개의 모양을 원하는 형태로 잡는 것은 매우 힘듭니다. 그래서 아래와같이 작은 부분부터 순서대로 붙이는 것이 좋습니다.

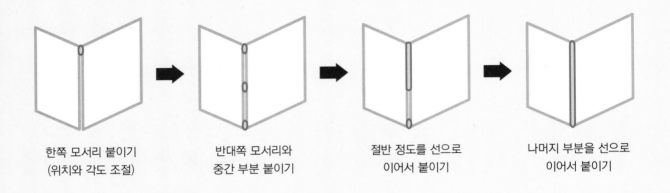

| 한쪽 모서리 붙이기 (위치와 각도 조절) | 반대쪽 모서리와 중간 부분 붙이기 | 절반 정도를 선으로 이어서 붙이기 | 나머지 부분을 선으로 이어서 붙이기 |

2. 뜨거운 필라멘트를 접착제처럼 사용하여 붙입니다.

한 손으로 모양의 위치나 각도를 맞추기 힘든 경우에는 한쪽 모양에만 필라멘트를바르고 재빨리 다른 모양을 붙입니다. 노즐 밖으로 나온 필라멘트는 굳어지면 접착력이 없으므로 굳기 전에 재빨리 붙이는 것이 중요합니다.

| 필라멘트 충분히 바르기 | 식어서 굳기 전에 재빨리 붙이기 | 주변을 덧칠해서 붙이기 |

3. 깨끗하게 붙이기 위해서는 팁 크리너를 만들어 활용합니다.

3D 펜이 예열된 상태에서는 버튼을 누르지 않아도 내부에서 가열된 필라멘트가 팽창하여 노즐로 계속 흘러나옵니다. 작품을 만들 때는 핀셋을 이용하여 필라멘트를 정리하면 되지만, 모양을 붙일 때는 핀셋을 사용하기 어렵습니다. 이럴 때는 팁 크리너를 제작하여 사용하면 편리합니다. 팁 크리너는 노즐에서 흘러나오는 필라멘트를 한 손으로 손쉽게 제거할 수 있는 도구입니다.

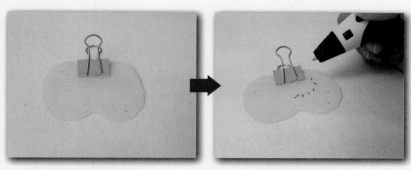

팁 크리너 만들기　　　　　　　팁 크리너 사용하기

알아두기 팁 크리너는 가로세로 5cm의 속이 찬 정사각형을 만들어 사용해도 되고, 만들다가 실패한 작품을 사용해도 됩니다. 여기에 집게 등 무거운 물건을 달아 주면 더 좋습니다.

모양을 붙일 때에는 한 번에 붙이지 않고 조금씩 필라멘트를 사용하여 붙이세요.

My Room

OPEN

1
STEP

다양한
소품
만들기

3D 펜으로 만드는 기본적인 작품이에
요. 도안을 보고 그대로 따라 그리면 쉽
게 만들 수 있어요. 하지만 '우습게 본
나무에 눈 걸린다'라는 속담이 있듯이
너무 쉽게만 생각하지 말고 차근차근
설명에 따라 꼼꼼히 만들어 보세요.

목걸이 만들기

도안 86p

3D 펜을 이용하면 멋진 목걸이를 직접 만들어서 착용할 수 있습니다.

특히 3D 펜으로 만든 목걸이는 가벼워서 착용하기 편하고, 다양한 색을 이용해 화려하게 만들 수 있습니다.

멋진 목걸이를 만들어 가족과 친구들에게 선물해 보세요.

재료 70cm 길이 DIY 가죽끈
시간 작품당 20분

하트 장식 목걸이

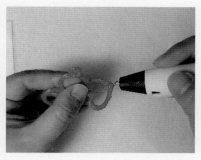

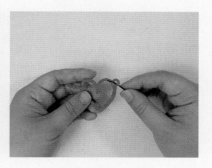

1. 도안을 따라 하트 윤곽선을 그린다. 튼튼하게 만들기 위해서 선을 5번 이상 덧칠해 준다.

2. 하트를 서로 끼워 준 후 끊어진 부분을 연결한다.

3. 가죽끈을 구멍에 넣어 묶으면 하트 장식 목걸이가 완성된다.

평화 장식 목걸이

1. 도안을 따라 평화 장식의 윤곽선을 그린다.

2. 평화 장식의 내부를 꼼꼼히 칠한다.

3. 가죽끈을 구멍에 넣어 묶으면 평화 장식 목걸이가 완성된다.

연필 장식 만들기

두근두근

도안 88p

매일매일 사용하는 연필을 특별한 소품으로 만들어 보아요.

부지런히 일하는 꿀벌을 보고 열심히 공부하거나, 비행기를 보고 미래의 자신을 꿈꿔 볼 수 있습니다.

내가 만든 나만의 특별한 연필로 공부하면 공부가 더 재미있어집니다.

재료 연필
시간 작품당 20분

꿀벌 연필 장식(연필 옆에 장식 붙이기)

 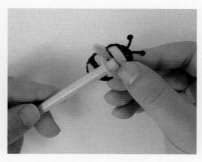 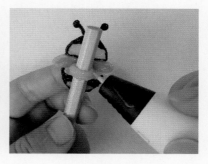

1. 도안을 따라 꿀벌 장식을 만든다. 그리고 연필이 들어가는 크기의 빈 동그라미를 그린다.

2. 꿀벌 장식과 빈 동그라미를 직각으로 서로 붙인다.

3. 빈 동그라미를 연필에 끼운 후 움직이지 않도록 꼼꼼히 붙이면 작품이 완성된다.

아이언맨 연필 장식(연필 끝에 장식 붙이기)

 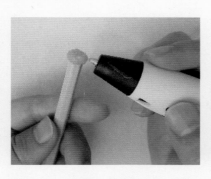 

1. 도안을 따라 아이언맨 장식을 만든다. 그리고 연필의 크기와 비슷한 크기의 속이 채워진 동그라미를 만든다.

2. 채워진 동그라미를 연필 끝에 붙인다.

3. 동그라미 위에 아이언맨 장식을 붙이면 작품이 완성된다.

북 클립 만들기

도안 90p

북 클립(Book Clip)을 사용하면 읽고 있던 책과 페이지를 쉽게 찾을 수 있습니다.

3D 펜으로 만든 귀여운 북 클립과 함께라면 책 읽기가 더욱 즐거워집니다.

책장 안에 숨어 있는 부엉이, 여우, 토끼 친구들을 찾아볼까요?

재료 컬러 클립 또는 하드 스틱
시간 작품당 20분

부엉이 북 클립(컬러 클립으로 만들기)

 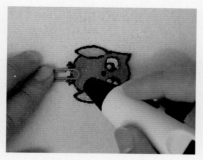 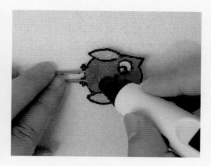

1. 도안을 따라 부엉이 장식을 만든다.

2. 부엉이 장식과 컬러 클립을 붙인다. 클립을 종이에 꽂을 수 있게 방향에 주의한다.

3. 클립이 움직이지 않게 고정시킨다.

여우 북 클립(하드 스틱으로 만들기)

 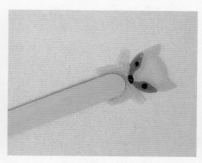 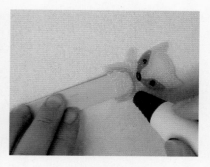

1. 도안을 따라 여우 장식을 만든다.

2. 여우 장식을 도안에서 떼어낸다.

3. 여우 장식 뒤에 하드 스틱을 붙인다. 하드 스틱이 움직이지 않게 꼼꼼히 고정시킨다.

냉장고 자석
만들기

도안 92p

여러분이 가장 좋아하는 음식은 무엇인가요?

과일과 채소는 꾸준히 챙겨 먹으면 몸도 튼튼해지고, 감기에도 잘 걸리지 않는답니다.

메모지 홀더로 사용할 수 있는 맛있는 음식 모양의 냉장고 자석을 만들어 보세요.

재료 단추 자석 홀더
시간 작품당 30분

바나나 냉장고 자석

1. 도안을 따라 음식 장식을 만든다.

2. 단추 자석 홀더의 윗면에 3D 펜으로 필라멘트를 바른다.

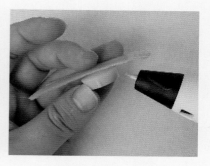

3. 자석 홀더 위에 바른 필라멘트가 굳기 전에 재빨리 음식 장식을 붙인다.

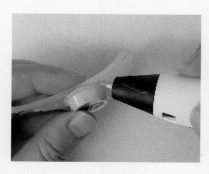

4. 자석 홀더와 음식 장식 사이의 틈에 3D 펜으로 필라멘트를 채워 준다.

5. 완성된 바나나 냉장고 자석의 모습이다.

6. 다른 음식 장식도 같은 방식으로 만든다.

도안 94p

생일이나 특별한 날에는 케이크에 촛불을 꽂아 축하 파티를 합니다.

케이크 위에 주인공을 위한 특별한 장식이 있다면 파티가 더 즐거워집니다.

감사와 축하의 마음을 담은 케이크 장식을 만들어 보세요.

재료 플라스틱 과일 꽂이
시간 작품당 20분

생일 축하해 장식

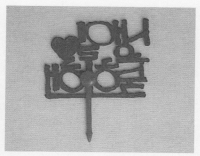

1. 도안을 따라 글자 장식을 3D 펜으로 만든다.

2. 글자 장식을 뒤집은 후 과일 꽂이를 그 위에 올려 놓는다.

3. 3D 펜으로 글자 장식과 과일 꽂이를 서로 붙인다.

직접 만드는 글자 장식

1 도안에 있는 네모 상자에 3D 펜으로 원하는 글자를 적는다.

2. 글자 장식 뒤에 플라스틱 과일 꽂이를 올려 놓는다.

3. 3D 펜으로 글자 장식과 과일 꽂이를 서로 붙인다.

브로치 만들기

도안 96p

브로치(Brooch)는 옷의 깃이나 앞가슴에 핀으로 고정하는 장신구입니다.

3D 펜으로 만든 브로치는 옷뿐만 아니라 커튼, 가방 등에 두루 활용할 수 있습니다.

어버이날에 직접 만든 카네이션 브로치를 선물하는 건 어떨까요?

재료 일자 브로치 핀

시간 작품당 30분

카네이션 브로치

 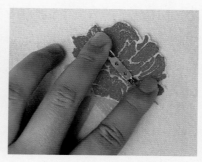 

1. 도안을 따라 3D 펜으로 카네이션 장식을 만든다.

2. 완성된 카네이션 장식 뒤에 일자 브로치 핀을 붙인다.

3. 완성된 카네이션 브로치의 모습이다.

나비 브로치

1. 도안을 따라 3D 펜으로 나비 장식을 만든다.

2. 완성된 나비 장식 뒤에 일자 브로치 핀을 붙인다.

3. 완성된 나비 브로치의 모습이다.

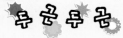

안내판 만들기

도안 98p

안내판은 다양한 장소에 부착되어 사람들에게 정보를 알려 줍니다. 특히 문에 붙이는 안내판은 보이지 않는 문 뒤의 모습을 알려 주는 친절한 판입니다.

자신의 방문을 꾸미는 멋진 안내판을 만들어 보세요.

재료 없음

시간 작품당 30분

My Room 안내판

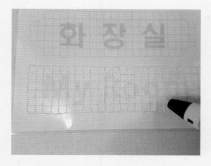

1. 도안을 따라 바닥 그물망을 만든다.

2. 그물망 위에 도안을 따라 글자를 그린다.

3. 글자가 완성되면 도안에서 떼어낸다.

OPEN 안내판

1. 도안을 따라 바닥 그물망을 만든다.

2. 그물망 위에 도안을 따라 글자를 그린다.

3. 글자가 완성되면 도안에서 떼어낸다.

손거울 만들기

두근두근

도안 100p

손거울이 있으면 수시로 자신의 외모와 청결 상태를 확인할 수 있습니다..

가방이나 핸드백 속에 쏙 들어가는 나만의 손거울을 만들어 보세요.

거울은 깨지지 않는 아크릴 안전 거울을 사용합니다.

재료 7cm 아크릴 안전 거울

시간 작품당 30분

캡틴 방패 손거울

1. 캡틴 방패 도안을 따라 바깥쪽 빨간색 원을 3D 펜으로 그린다.

2. 도안을 따라 안쪽 파란색 부분을 그린다.

3. 도안을 따라 안쪽 하얀색 부분을 그려 방패 장식을 완성한다.

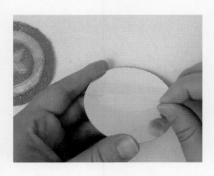

4. 아크릴 안전 거울에 붙어 있는 비닐을 떼어낸다.

5. 안전 거울을 방패 장식 위에 올려놓아 크기를 확인한다.

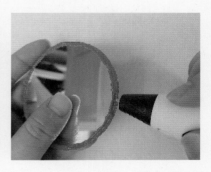

6. 3D 펜으로 안전 거울과 방패 장식을 서로 붙인다.

3차원
입체 작품
만들기

다른 재료 없이 필라멘트만으로 3차원의 입체 작품을 만들어 보세요. 도안을 따라 여러 가지 모양을 만들어 서로 붙이면 어느새 입체 작품이 완성됩니다. 만든 작품을 착용해 보고 스마트폰으로 그 모습을 찍어 SNS에 올려 친구들과 공유해 보세요.

선글라스 만들기

도안 102p

멋진 선글라스 하나면 간단한 이미지 변신이 가능합니다.

자신에게 딱 맞는 패션 선글라스를 만들어 보세요.

선글라스는 학생들이 가장 좋아하는 작품 중의 하나입니다.

재료 없음

시간 작품당 20분

사각 선글라스

1. 도안을 따라 선글라스 안경과 다리를 3D 펜으로 만든다.

2. 안경과 다리를 3D 펜으로 서로 붙인다.

3. 완성된 사각 선글라스의 모습이다.

셔터쉐이드 선글라스

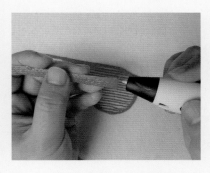

1. 도안을 따라 셔터쉐이드 선글라스의 안경과 다리를 만든다.

2. 안경과 다리를 3D 펜으로 서로 붙인다.

3. 완성된 셔터쉐이드 선글라스의 모습이다.

팔찌와 반지
만들기

도안 104p

팔찌와 반지는 3D 펜으로 간단하게 만들 수 있는 소품 중의 하나입니다.

자신이 좋아하는 문구를 넣은 패션 팔찌를 만들어 보세요.

마음을 담아 가족, 친구들에게 선물해도 좋습니다.

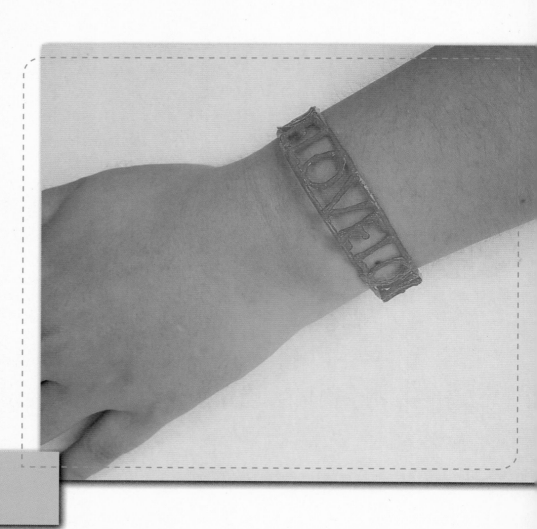

재료 하드 스틱
시간 작품당 30분

팔찌

1. 도안을 따라 팔찌의 테두리를
   먼저 그린다.

2. 도안을 따라 팔찌 테두리 안
   의 글자를 그린다. 이때 글자
   와 테두리가 잘 붙어 있도록
   한다.

3. 완성된 장식을 뒤집은 후 끝
   에 하드 스틱을 올린다.

4. 장식의 끝과 연결되어 하드 스
   틱 위로 올라오는 고리를 만
   든다.

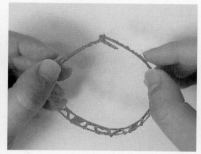

5. 고리가 잘 연결되는지 확인한
   다. 잘되지 않을 경우 뜯고 다
   시 만든다.

6. 완성된 팔찌 장식은 한 손으
   로 채우고 뺄 수 있다.

입체 글자 상자 만들기

도안 106p

평범한 글자도 3차원 입체 상자에 넣으면 멋진 장식 소품이 됩니다.

자신의 목표나 좌우명을 상자에 넣어 매일매일 바라보면 꼭 이루어지지 않을까요?

상하좌우로 돌려 보는 멋진 글자상자를 만들어 보세요.

재료 없음
시간 작품당 30분

판타스틱 글자 상자

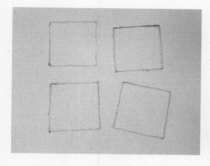

1. 도안처럼 정사각형을 4개 만든다.

2. 4개의 정사각형을 서로 붙여 정육면체 상자를 만든다.

3. 상자 안에 들어갈 글자를 3D 펜으로 만든다.

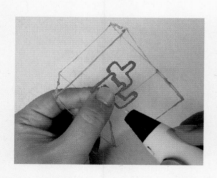

4. 글자를 한 자씩 상자 안에 넣고 3D 펜으로 연결한다. 연결한 필라멘트가 굳을 때까지 글자를 잡고 있는다.

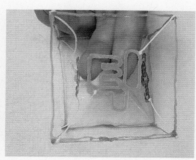

5. 상자를 돌려가며 글자를 같은 식으로 붙인다.

6. 완성된 글자 상자의 모습이다.

에펠탑 만들기

도안 108p

에펠탑은 1889년 파리 만국 박람회장에 세워진 높이 약 300m의 대표적인 철탑입니다.(63빌딩이 약 250m)

트러스와 아치 구조를 가진 에펠탑은 3D 펜으로 쉽게 만들 수 있는 멋진 건축물입니다.

철탑의 아름다움을 볼 수 있는 에펠탑을 만들어 보세요

재료 없음
시간 60분-대형, 30분-소형

에펠탑 대형

1. 도안을 따라 대형 에펠탑 면을 3D 펜으로 4개 만든다.

2. 만들어진 4개 면의 가장자리를 니퍼 등으로 깔끔하게 다듬는다.

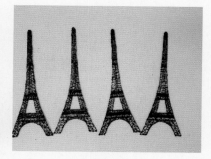

3. 하나의 면과 다른 면이 직각으로 맞닿도록 한 후 위, 중간, 아래에 점을 찍어 붙인다.

4. 두 면의 자리가 잡히면 접한 선을 길게 연결하여 붙인다.

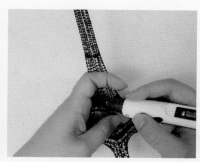

5. 같은 방식으로 네 개의 면을 모두 붙인다.

6. 완성된 대형 에펠탑의 모습이다.

독립문 만들기

도안 110p

서울 서대문구에 있는 독립문은 1897년 국민 모금으로 독립협회가 파리 개선문을 본떠 지은 15m 높이의 기념물입니다.

독립문은 우리 민족의 자주 독립과 자강의 의지를 담아 세운 역사적인 건축물입니다.

선조들의 독립 정신을 기리며 독립문을 만들어 보세요.

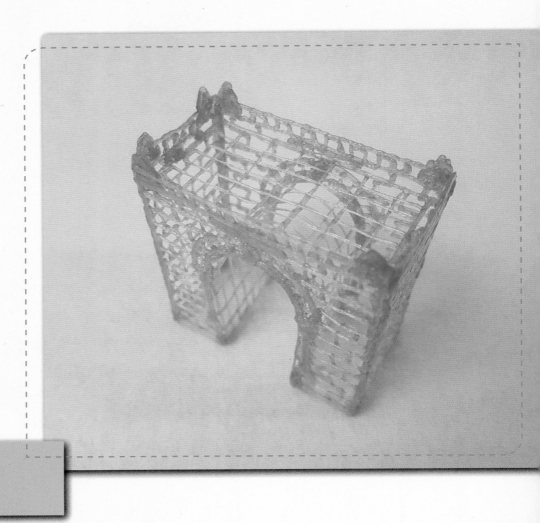

재료 없음
시간 60분

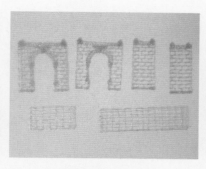

1. 도안을 따라 필요한 모양을 3D 펜으로 그린다.

2. 정면과 측면은 각각 2개씩, 상판과 아치면은 1개씩 만든다.

3. 만들어진 모양을 매끄럽게 붙이기 위해 가장자리를 니퍼 등으로 가다듬는다.

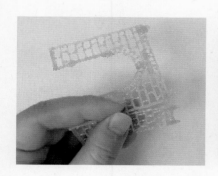

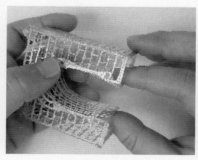

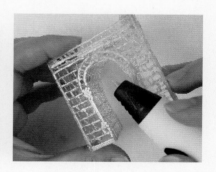

4. 정면과 측면 4개 면을 서로 붙인다.

5. 상판과 아치면을 독립문 본체에 붙인다. 아치면은 모양에 맞게 구부려서 붙인다.

6. 붙은 면을 3D 펜으로 다듬으면 작품이 완성된다.

자전거 만들기

도안 112p

자전거는 자신의 힘으로 바람을 느끼며 달리는 낭만적인 교통 수단입니다.

자전거를 타고 넓은 들판을 달리면 몸도 마음도 시원해집니다.

자전거를 구성하는 부품의 명칭도 배우면서 멋진 자전거를 만들어 보세요

재료 없음

시간 60분

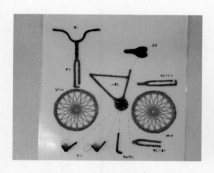

1. 도안을 따라 바퀴와 프레임을 포함한 전체 모양을 3D 펜으로 만든다.

2. 바퀴가 잘 구르게 하기 위해 바퀴 안쪽을 핀셋 등으로 갈아 준다.

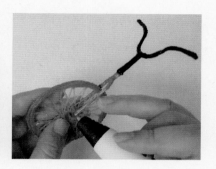

3. 포크의 벌려진 부분에 앞바퀴를 끼우고 빠지지 않게 막아 준다.

4. 프레임에 포크와 핸들을 붙인다.

5. 시트스테이의 벌어진 부분에 뒷바퀴를 끼우고 막아 준다. 프레임과 체인스테이를 붙인다.

6. 안장, 페달, 킥스탠드를 프레임에 붙이면 작품이 완성된다.

한강철교 만들기

도안 114p

한강철교는 1900년에 건설된 한강 최초의 다리로, 노량진역과 용산역을 잇는
철교입니다.

한강철교의 삼각형 모양의 트러스 구조는 뼈대가 휘는 힘을 받지 않고, 오직
늘어나거나 줄어드는 힘만 받게 되는 매우 튼튼하고 견고한 구조입니다.

한강철교를 만들고 얼마나 튼튼한지 확인해 보세요.

재료 없음
시간 30분

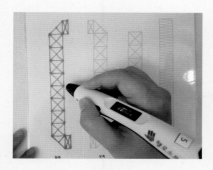

1. 도안을 따라 왼쪽 모양을 1번 그린다.

2. 튼튼한 철교를 만들기 위해 왼쪽 모양을 3~5번 덧칠한다.

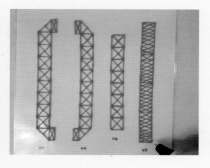

3. 도안을 따라 오른쪽 모양, 지붕, 상판도 동일한 방법으로 튼튼하게 만든다.

4. 지붕과 상판의 옆 부분을 니퍼 등으로 깔끔하게 정리한다.

5. 지붕과 왼쪽, 오른쪽 모양을 'ㄷ' 자 형태로 서로 직각으로 붙인다.

6. 상판을 다리 밑에 붙여 'ㅁ' 자 형태의 철교를 완성한다.

이순신대교 만들기

도안 116p

이순신대교는 2013년에 개통된 현수교로 여수시와 광양시를 잇는 다리입니다. 현수교는 주탑과 주탑 사이를 케이블로 연결하고 쇠줄을 늘어뜨려 다리 상판을 매다는 방식입니다.

이순신대교는 총 길이가 2.2km이고, 주탑의 높이가 270m로 세계에서 가장 높습니다. 자, 지금부터 이순신대교를 만들어 보세요.

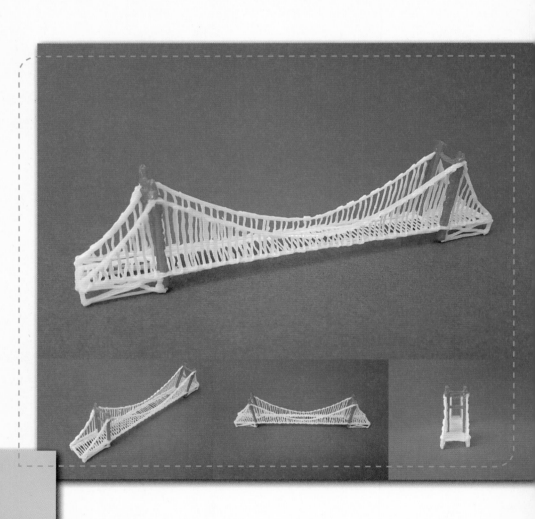

재료 없음
시간 60분

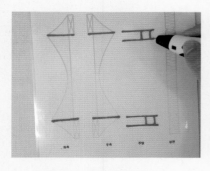

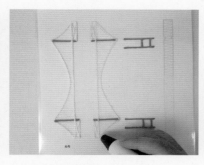

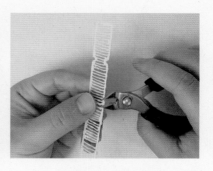

1. 도안에서 붉은색으로 표시된 주탑과 기둥을 3D 펜으로 그린다. 튼튼한 기둥을 위해 3번 이상 덧칠한다.

2. 나머지 왼쪽, 오른쪽, 상판 모양을 3D 펜으로 그린다.

3. 상판은 붙이기 편하도록 옆면을 니퍼 등으로 깔끔하게 가다듬는다.

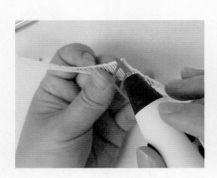

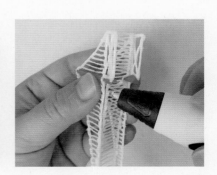

4. 왼쪽 기둥에 주탑을 직각의 형태로 붙인다.

5. 오른쪽 기둥에 주탑을 직각의 형태로 붙여 다리 모양을 만든다.

5. 마지막으로 상판을 'ㄷ' 자 형태로 붙여 작품을 완성한다.

3 STEP

여러 가지 재료를 활용하여 살아 있는 작품 만들기

여러 가지 만들기 재료를 활용하여 3차원의 입체 작품을 만들어 보세요. 조명, 물감, 모터, LED 등을 활용하여 작품에 생명을 불어넣습니다. 미래의 3D 펜은 어떠한 모습일까요? 직접 그린 피아노로 연주할 수 있으며, 강아지를 그리고 쓰다듬으면 '멍멍' 짖으며 감정을 담아내기도 한대요. 그때의 3D 펜은 요술 지팡이라고 부를지도 모릅니다.

모양을 본떠 만들기

두근두근

호랑이

3D 펜은 마치 3D 스캐너처럼 물건의 모양을 본떠서 작품을 만들 수 있습니다.

주변에서 쉽게 구할 수 있는 고무 인형을 이용해서 멋진 3D 와이어 작품을 만들어 보세요.

이번에 사용된 물건은 마트에서 천 원에 판매되는 호랑이 고무 인형입니다.

재료 호랑이 고무 인형
시간 60분

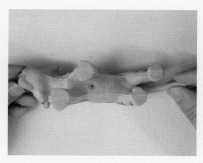

1. 본을 뜬 후 작품을 쉽게 벗겨 내기 위해 외형을 어떻게 나누어야 할지 구상한다.

2. 구상된 영역을 너비 2~3mm 정도의 종이(마스킹) 테이프를 붙여 나누어 준다.

3. 인형 위를 3D 펜으로 덧칠한다. 이때 종이 테이프 위는 칠하지 않는다.

4. 덧칠이 완료되면 인형에서 작품을 떼어낸다.

5. 떼어낸 작품을 다시 3D 펜으로 이어 붙인다.

6. 부족한 부분을 채워 주면 멋진 와이어 인형이 완성된다.

자동차

이번에 사용된 물건은 마트에서 천 원에 판매되는 자동차 고무 인형입니다.

고무 인형은 3D 펜으로 모양을 본뜨기에 가장 좋은 재료입니다. 필라멘트가 잘 달라붙고, 나중에 떼어낼 때도 수월합니다.

이번에는 면을 모두 칠해서 튼튼한 자동차를 만들어 보세요.

재료 자동차 고무 인형
시간 작품당 30분

1. 자동차의 외형을 어떻게 나누어야 할지 구상한다. 여기서는 가운데를 나누었다.

2. 자동차의 중간에 너비 2~3mm 정도의 종이(마스킹) 테이프를 붙인다.

3. 자동차 인형 위를 3D 펜으로 덧칠한다. 이때 종이 테이프 위는 칠하지 않는다.

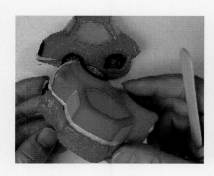

4. 덧칠이 완료되면 인형에서 작품을 떼어낸다. 하드 스틱 또는 연필을 이용하면 수월하다.

5. 떼어낸 작품을 다시 3D 펜으로 이어 붙인다.

6. 부족한 부분을 채워 주면 튼튼한 자동차가 완성된다.

조명 램프 만들기

도안 118p

조명 램프는 빛으로 공간을 가득 채우는 멋진 작품입니다.

센서 티 라이트(Sensor Tea Lights)를 이용하여 예술적이면서 실용적인 조명 램프를 만들어 봅니다.

센서 티 라이트는 입김을 불거나 흔들어서 불을 켜고 끌 수 있는 장치입니다.

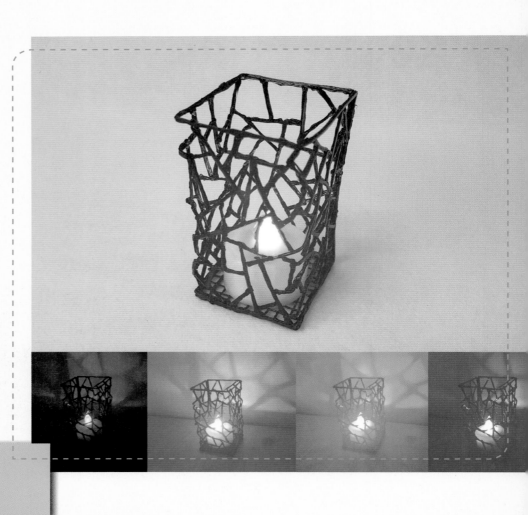

재료 센서 티 라이트
시간 30분

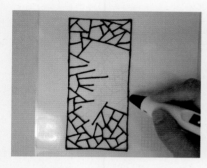

1. 도안을 따라 조명 램프의 테두리를 만든다.

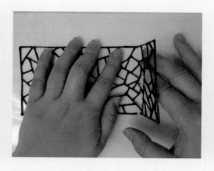

2. 모양이 완성되면 점선을 따라 모양을 안으로 접어 준다.

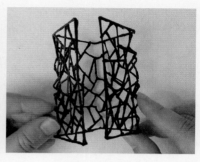

3. 모두 접으면 네모난 틀이 만들어진다.

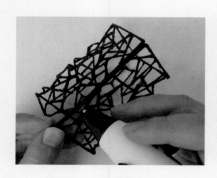

4. 맞닿은 끝 부분을 3D 펜으로 서로 붙인다.

5. 도안을 따라 조명 램프의 바닥면을 만든다.

6. 조명 램프의 테두리와 바닥면을 3D 펜으로 서로 붙인다.

장미꽃 만들기

도안 120p

헤어 드라이기의 열풍을 이용하면 3D 펜 작품을 쉽게 구부리거나 펼 수 있습니다.

섬세하고 자연스러운 굴곡이 중요한 장미꽃을 만들어 보세요.

헤어 드라이기의 뜨거운 바람은 위험할 수 있으므로 어린이는 꼭 선생님이나 부모님의 지도를 받도록 합니다.

재료 헤어 드라이기
시간 60분

1. 도안을 따라 1~9번까지 모양을 만든다. 꽃잎과 꽃받침은 그물 형태로 칠한다.

2. 꽃잎을 헤어 드라이기에 2~3초 쏘인다. 부드러워지면 손으로 모양을 만들고 굳을 때까지 3초 정도 기다린다.

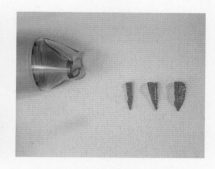

3. 1번 꽃잎은 돌돌 말아 주고, 2번과 3번 꽃잎은 감쌀 수 있도록 모양을 잡아 준다.

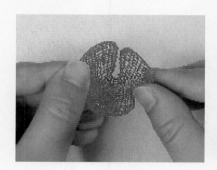

4. 4, 5, 6, 7번 꽃잎은 원뿔 모양이 되게 동그랗게 말아 준다.

5. 1번부터 8번까지 순서대로 안쪽에서 바깥쪽으로 하나씩 3D 펜으로 붙인다.

6. 9번 꽃줄기를 꽃송이에 붙인 후 3D 펜으로 덧칠해서 줄기 모양을 잡으면 아름다운 장미가 완성된다.

화려한 나비
만들기

도안 122p

아크릴 물감을 이용하면 3D 펜 작품에 다양한 색상을 입힐 수 있습니다.

아크릴 물감을 칠하기 위해서는 작품을 흰색으로 만드는 것이 좋습니다.

흰색 필라멘트와 아크릴 물감으로 화려한 나비를 만들어 보세요.

재료 아크릴 물감

시간 60분

1. 흰색 필라멘트로 나비 도안의
   윤곽선(파란색)을 그린다.

2. 흰색 필라멘트로 나비 날개,
   몸통을 칠한다.

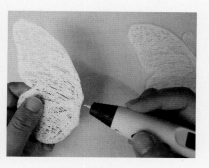

3. 양쪽 날개와 몸통을 10도 정
   도의 각도로 붙이고, 3쌍의 다
   리도 만들어 붙인다.

4. 아크릴 물감을 붓에 묻혀 작
   품 위에 색을 칠한다.

5. 연한 색부터 진한 색 순서로
   차례대로 칠한다.

6. 완성된 화려한 나비 모습이다.

오토마타 솟대
만들기

도안 124p

오토마타는 기계장치의 원리를 이용하여 일정하게 움직이도록 만드는 장난감입니다.

솟대는 옛날부터 마을 어귀에 세워 행복과 풍요를 기원하는 전통적인 기념물입니다.

회전운동을 직선운동으로 바꾸어 솟대가 움직이는 오토마타 솟대를 만들어 보세요.

재료 10cm 굵은 철사

시간 30분

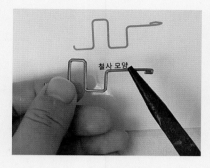

1. 10cm 길이의 굵은 철사를 도안과 같은 형태로 구부린다.

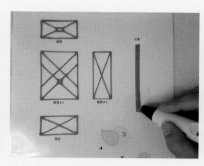

2. 도안을 따라 필요한 모양을 모두 만든다.

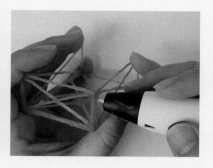

3. 한쪽 측면만 빼고 상단, 하단, 측면, 정면을 3D 펜으로 모두 붙인다.

4. 철사와 기둥을 넣어 제대로 동작하는지 확인한다.

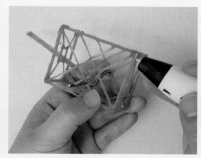

5. 마지막 한쪽 측면을 3D 펜으로 작품에 붙인다.

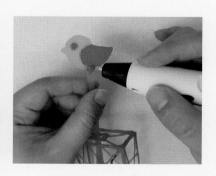

6. 새 또는 말 장식을 만들어 기둥에 붙이면 작품이 완성된다.

바퀴 자동차
만들기

도안 126p

자동차 바퀴를 이용하면 굴러가는 자동차 장난감을 만들 수 있습니다.

쌩쌩 굴러가는 귀여운 자동차를 만들어 보세요.

이 작품을 응용하면 모터 또는 아두이노로 동작하는 자동차를 만들 수 있습니다.

재료 자동차 바퀴 세트 소형
(지름 3cm / 축 길이 7cm)

시간 60분

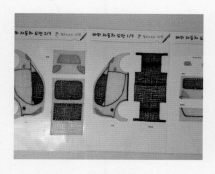

1. 도안을 따라 자동차 부품을 3D 펜으로 만든다. 전체를 색칠하기보다 그물 형태로 만드는 것이 시간이 절약된다.

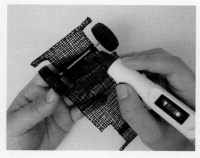

2. '알아두기'의 그림과 같이 바닥면에 바퀴 축을 올리고 그 위를 3D 펜으로 덧칠하여 바퀴가 굴러가도록 붙인다.

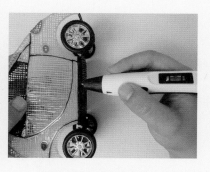

3. 바닥면에 왼쪽, 오른쪽 모양을 3D 펜으로 붙인다.

4. 작품에 앞면, 윗면, 뒷면, 뒷범퍼 모양을 앞에서부터 순서대로 붙인다. 곡선이 되도록 약간 구부려서 붙인다.

5. 사이드 미러를 3D 펜으로 양쪽에 붙인다.

6. 만져 보고 약한 부분을 덧칠하면 튼튼하게 굴러가는 자동차가 완성된다.

도안 130p

풍차는 자연의 바람 에너지를 운동에너지로 바꾸어 활용하는 건축물입니다.

3D 펜 작품에 전구, 모터 등을 붙이면 살아 있는 작품이 됩니다.

건전지와 모터를 이용하여 자동으로 날개가 돌아가는 풍차를 만들어 보세요.

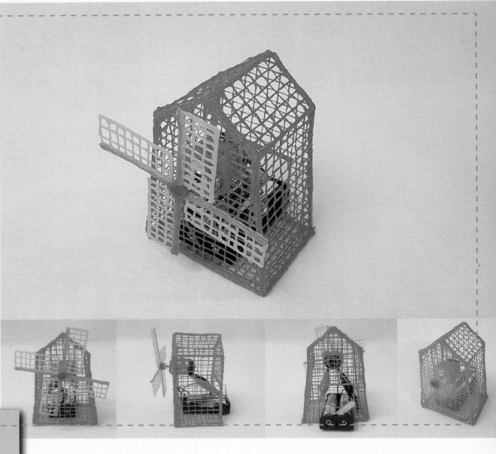

재료 5V 전동 모터,
     7.5mm 톱니 기어,
     스위치 내장 집게형 건전지 홀더,
     AA 건전지 2개
시간 60분

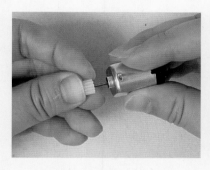

1. 전동 모터에 톱니 기어를 끼
   운다.

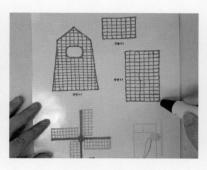

2. 도안을 따라 필요한 모양을
   3D 펜으로 모두 그린다.

3. 앞면의 구멍에 모터를 끼운
   후 3D 펜으로 단단히 고정시
   킨다.

4. 뒷면, 옆면, 지붕을 모두 붙여
   풍차 모양을 만든다.

5. 톱니 기어와 풍차 날개를 3D
   펜으로 붙인다.

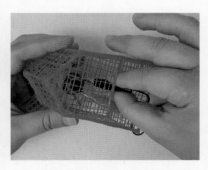

6. 건전지 홀더의 집게를 모터의
   양쪽에 연결시킨다. 홀더의 스
   위치를 켜면 모터가 작동한다.

LED 무당벌레
만들기

도안 132p

3D 프린터에 사용되는 PLA 필라멘트 중에는 전기가 통하는 전도성 필라멘트가 있습니다.

전도성 필라멘트를 이용하여, 벽에 붙으면 꼬리에 불이 들어오는 무당벌레를 만들어 보세요

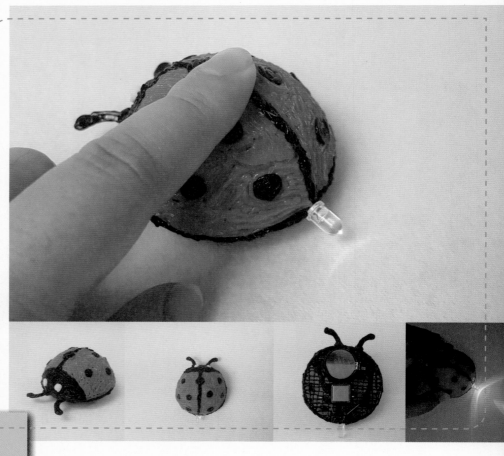

재료 코인 건전지 홀더,
      코인 건전지 2025,
      푸시 버튼 스위치, 고휘도 LED,
      지름 5.5cm 소형 볼풀공,
      전도성 필라멘트
시간 60분

1. 볼풀공을 반으로 자른 후 그 위에 사인펜으로 무당벌레 그림을 그린다.

2. 3D 펜을 이용해 본을 뜨는 것처럼 칠하면 무당벌레 껍질이 완성된다.

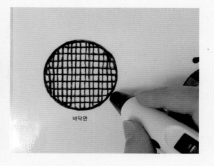

3. 도안을 따라 3D 펜으로 바닥면을 그린다.

4. 바닥면 위에 그림과 같이 부품을 올려놓고 3D 펜으로 고정시킨다. 이때 금속 단자는 가리지 않는다.

5. 전도성 필라멘트를 이용해 전자 부품을 서로 연결한다. 두껍고 닿는 면적이 많을수록 전구가 밝아진다.

6. 스위치를 눌러 전구에 불이 들어오는 것을 확인하면 바닥면과 등껍질을 서로 붙인다.

미니 드론 만들기

도안 134

3D 펜을 이용하여 가볍고 튼튼한 나만의 드론을 만들어 날려 보세요.

만들기에 사용하는 CX-10D 미니 드론은 자동 이륙과 착륙 기능이 있어 누구나 쉽게 즐길 수 있는 입문자용 국민 드론입니다.

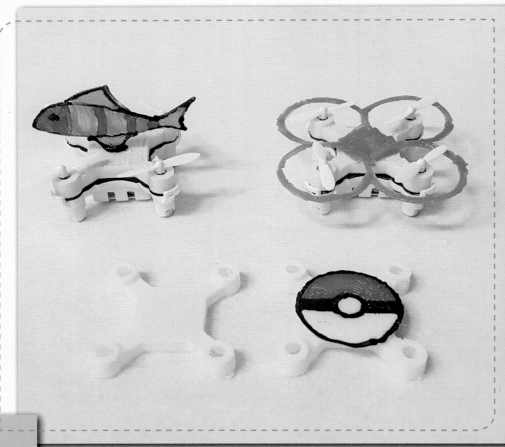

재료 CX-10D 미니 드론,
3D 펜용 드론 덮개
(헬로소프트 쇼핑몰 판매)
시간 작품당 30분

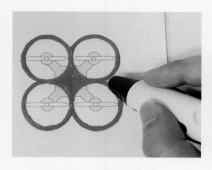

1. 도안을 이용하여 날개를 보호하기 위한 가드를 3D 펜으로 만든다.

2. 3D 펜용 드론 덮개에 가드를 3D 펜으로 붙인다.

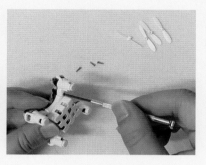

3. 미니 드라이버를 이용하여 CX-10D 미니 드론의 날개와 덮개를 분리한다.

4. 날개와 덮개를 분리한 모습이다.

5. 드론에 원래 있던 덮개 대신 우리가 만든 3D 펜용 드론 덮개를 결합한다.

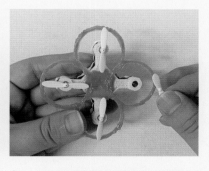

6. 날개를 회전 방향에 주의하여 끼워 주면 나만의 드론이 완성된다. 자, 드론을 날려 보자.

항상건강하세요

Thankyou

브로치

꽃 1

꽃 2

나비

카네이션

꽃 3

꽃 4

안내판

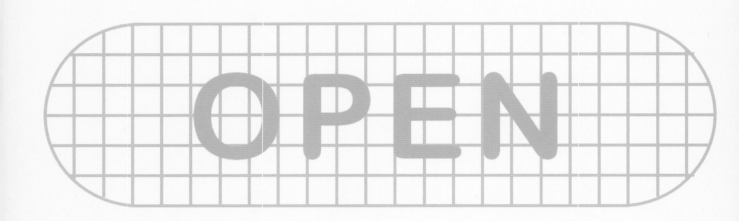

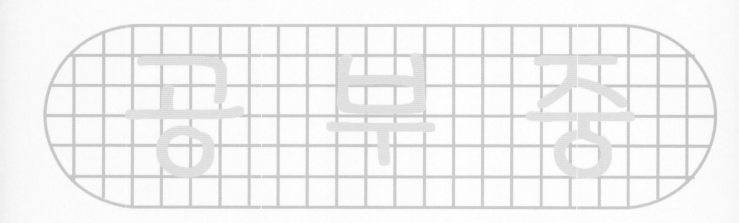

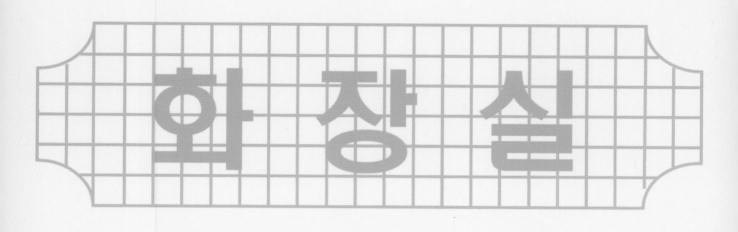

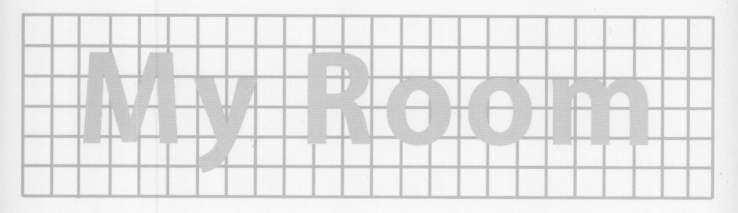

손거울

토끼

캡틴 방패

유니콘

여우

선글라스

사각형

다리

원형

셔터쉐이드

팔찌와 반지

팔찌 1 앞　　　　팔찌 1 뒤　　　　팔찌 2 앞　　　　팔찌 2 뒤

LOVELOVELOVELOVELOVELOVE

WISH GOOD LUCK

반지 링

직접

반지 장식

입체 글자 상자

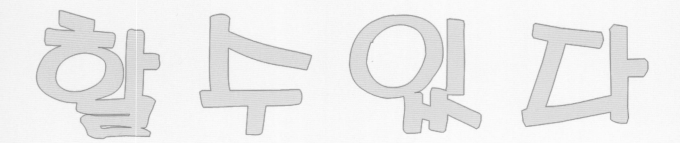

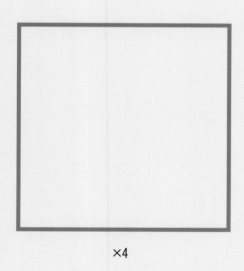

×4

에펠탑

대형×4

소형×4

독립문

정면×2

측면×2

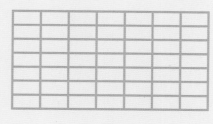

상판

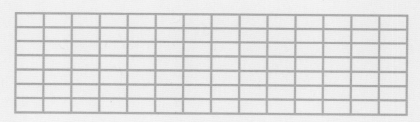

아치면

자전거

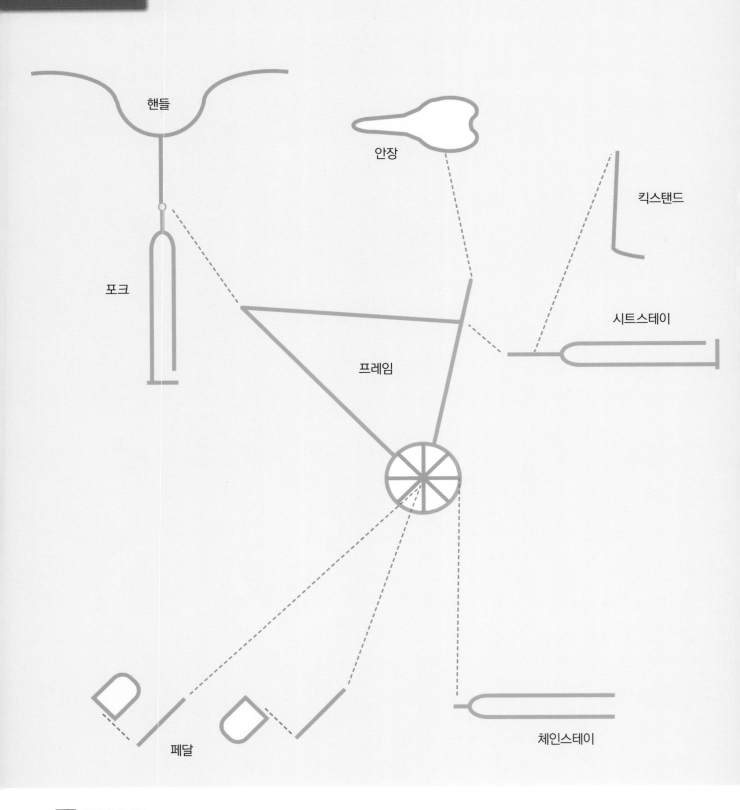

핸들

안장

킥스탠드

포크

시트스테이

프레임

페달

체인스테이

앞바퀴

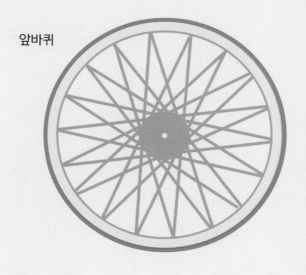

뒷바퀴

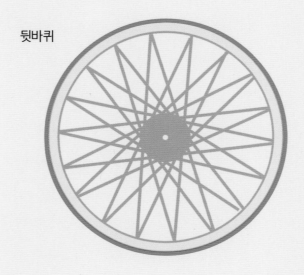

한강철교

왼쪽   오른쪽

바닥

장미꽃

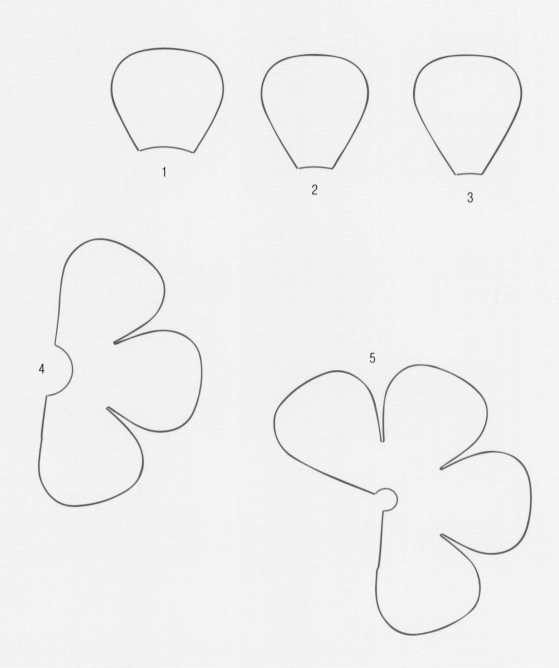

6

7

9

8

화려한 나비

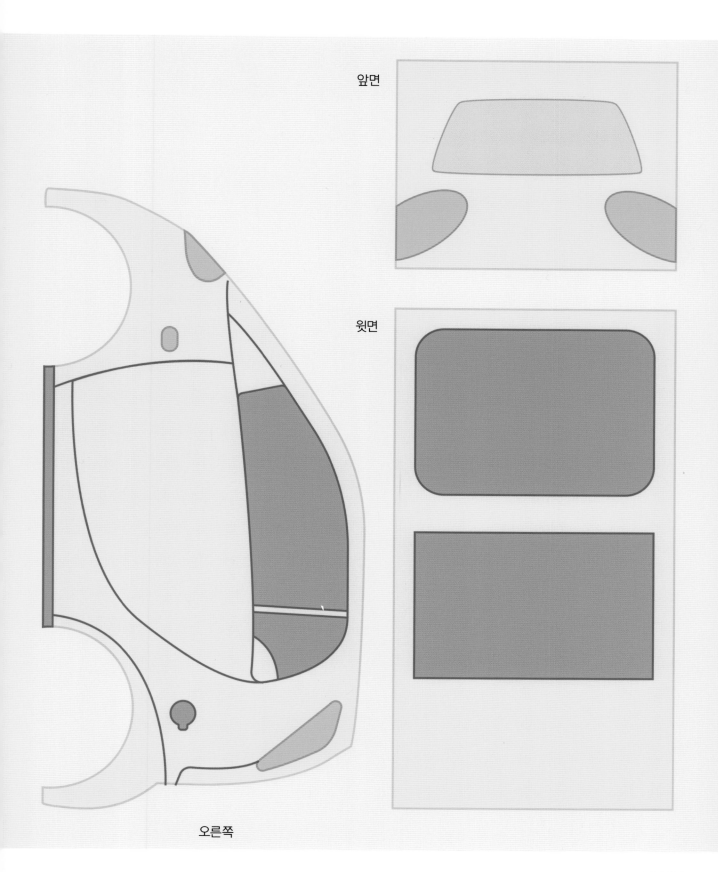

앞면

윗면

오른쪽

사이드 미러

뒷면

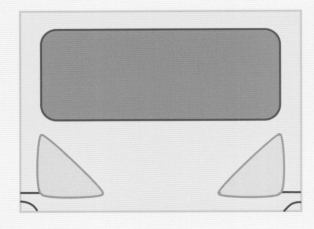

뒷범퍼

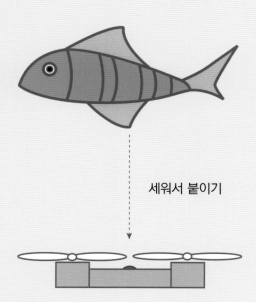

세워서 붙이기

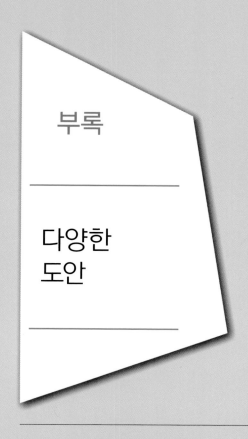

부록

다양한
도안

3D 펜으로 여러 가지 작품을 만들어 볼 수 있도록 주제별로 다양하게 도안을 실었습니다. 지금까지 만든 작품을 바탕으로 상상력과 창의력을 발휘하여 나만의 작품을 만들어 보세요.

Some images are designed by Freepik

야생동물

Some images are designed by Freepik

Some images are designed by Freepik

Some images are designed by Freepik

Some images are designed by Freepik

A B C D E
F G H I J
K L M N O
P Q R S T
U V W X Y
Z

1 2 3 4
5 6 7 8
9 0

ㄱ ㄴ ㄷ ㄹ ㅁ
ㅂ ㅅ ㅇ ㅈ ㅊ
ㅋ ㅌ ㅍ ㅎ

ㅏ ㅑ ㅓ ㅕ ㅗ
ㅛ ㅜ ㅠ ㅡ ㅣ